Textkritik zur Studie von Müller & Kupisch (2003) "Zum simultanen Erwerb des Deutschen und des Französischen bei (un)ausgeglichenen bilingualen Kindern"

Bibliografische Information der Deutschen Nationalbibliothek:

Die Deutsche Nationalbibliothek verzeichnet diese Publikation in der Deutschen Nationalbibliografie; detaillierte bibliografische Daten sind im Internet über http://dnb.d-nb.de abrufbar.

ISBN: 9783346599179
Dieses Buch ist auch als E-Book erhältlich.

Das Buch bei GRIN: https://www.grin.com/document/1176543

Universität Stuttgart

Institut für Linguistik/Germanistik

Essay II

Textkritik zu Müller & Kupisch (2003)

Mehrsprachigkeit

Wintersemester 2020/21

Abgabetermin:

30.03.2021

Inhaltsverzeichnis

1. Einleitung

Weltweit gibt es mehr Menschen, die zwei oder mehr Sprachen beherrschen, als Monolinguale (vgl. MacLeod et al. 2012: 132). Obwohl die Mehrsprachigkeit demnach nicht selten ist, sind einige Fragen insbesondere hinsichtlich des mehrsprachigen Spracherwerbs noch unbeantwortet. Dies liegt vor allem daran, dass sich die Situationen der mehrsprachig aufwachsenden Kinder stark unterscheiden. Einen Unterschied in solchen Situationen findet man bereits darin, ob die mehrsprachig aufwachsenden Kinder die betreffenden Sprachen seit ihrer Geburt zu gleichen Anteilen erwerben oder ob eine Sprache die andere überwiegt.

Daraus resultiert die Frage, welche Konsequenzen hinsichtlich der Sprachentwicklung des Kindes aus einem solchen ausgeglichenen und einem unausgeglichenen Erwerb zu erwarten sind. Die Studie von Müller & Kupisch (2003) versucht Antworten auf diese Frage zu finden, indem sie ein ausgeglichenes und ein unausgeglichenes Kind hinsichtlich deren Spracherwerbe und Entwicklungsstände miteinander vergleichen.

Die vorliegende Arbeit stellt eine Textkritik zu dieser Studie dar. Dementsprechend soll im Folgenden diskutiert werden, inwiefern die von Müller & Kupisch (2003) aufgeführten Annahmen, Methoden sowie Schlussfolgerungen valide sind. Dazu soll im zweiten Kapitel die Studie von Müller & Kupisch (2003) zusammengefasst und deren Ergebnisse kurz dargestellt werden. Im dritten Kapitel werden die theoretische, terminologische sowie methodologische Kritikpunkte, die in der besagten Studie festzustellen sind, erläutert und diskutiert. Die Untersuchung wird demnach textbasiert vorgenommen, wobei zur Diskussion weitere Studien, die sich ebenfalls mit der Thematik befassen, hinzugezogen werden.

Insofern Müller & Kupisch (2003) einige kontroverse Themen ansprechen, ist zu vermuten, dass die von ihnen angenommenen Thesen sich von den Thesen anderer Studien unterscheiden. Insofern lediglich der Spracherwerb zweier Proband*innen erforscht wird, ist ebenso zu erwarten, dass die Ergebnisse der Studie möglicherweise mit den Ergebnissen ähnlicher Studien widerspricht und es weiterer Studien mit einer höheren Anzahl von Proband*innen für aussagekräftigere Ergebnisse bedarf.

4

2. Die Studie von Müller & Kupisch (2003)

Im Rahmen ihrer Studie befassen sich Müller & Kupisch (2003) mit dem simultanen Erwerb zweier Erstsprachen (2L1-Erwerb). Darunter versteht man, dass mind.
zwei Sprachen von Geburt an gleichzeitig von einem Kind als Erstsprachen (L1)
erworben werden (vgl. Müller et al. 2011: 9). Hierbei spricht man von einem ausgeglichenen 2L1-Erwerb, wenn die 2L1 gleichmäßig erworben werden bzw. von
einem unausgeglichenen 2L1-Erwerb, wenn eine L1 weiterentwickelt ist als die andere L1 (vgl. Müller et al. 2011: 15). Die weiterentwickelte L1 bezeichnet man als
die stärkere bzw. dominante L1 (vgl. Müller et al. 2011: 246). Anhand der Studie
soll aufgezeigt werden, dass ein unausgeglichenes Kind, d. h. ein Kind mit einem
unausgeglichenen 2L1-Erwerb, die gleichen Erwerbsphasen wie ein ausgeglichenes
bzw. ein monolinguales Kind durchläuft. Deshalb werden die Entwicklungen in ei-
nigen grammatischen Bereichen, die für monolinguale Kinder bereits ausführlich
erforscht sind, mit den Entwicklungen eines unausgeglichenen sowie eines ausgeglichenen Kindes verglichen. Dazu werden die Subjekt-Objekt-Asymmetrie im
Französischen (Fr.), d. h. das Phänomen, dass Subjektklitika vor Objektklitika erworben werden sowie die Verwendung von Determinanten (DET) im Fr. als auch
die Genusmarkierung an den DET untersucht (vgl. Müller & Kupisch 2003: 157,
162ff).

Als Proband*innen werden die zwei Kinder Alexander und Céline ausge-
wählt. Ein Elternteil der Proband*innen spricht als L1 Fr. und das andere Elternteil
als L1 Deutsch (Dt.). Mit dem Kind sprechen die Elternteile jeweils in ihrer L1,
sodass die Kinder bilingual aufwachsen, d. h. sowohl Dt. als auch Fr. als L1 erwerben. Diese Strategie wird Eine-Person-eine-Sprache-Methode (1P-1Sp-Methode)
genannt (vgl. Müller et al. 2011: 246). Zudem haben Alexander sowie Céline einen
älteren, ebenso bilingualen Bruder. Alexander spricht mit seinem Bruder auf Fr.,
Céline mit ihrem in beiden L1. Des Weiteren wird Céline von einem deutschspra-
chigen Kindermädchen betreut (vgl. Müller & Kupisch 2003: 149).

Die Äußerungen der Proband*innen werden im Alter von 2;0[1] bis 5;0 etwa
zweiwöchentlich bei den Familien zuhause aufgenommen. Laut Müller & Kupisch
(2003: 153) besteht das Team, mit dem Céline und Alexander interagieren, aus zwei

---

[1] Altersangaben werden in der Form Jahre;Monate bzw. bei Bedarf in der Form Jahre;Monate,Tage
angegeben.

5

Monolingualen des Dt. bzw. des Fr. Jede Aufnahme enthält demnach einen dt. sowie einen fr. Teil. Während der Aufnahmen interagieren die Proband*innen spontan mit dem*der Interaktionspartner*in auf der jeweiligen Zielsprache, d. h. der L1 der Interaktionsperson. Untereinander spricht das Interaktionsteam auf Fr. (vgl. Müller & Kupisch 2003: 148).

Für einen Vergleich der Kompetenzen, d. h. des zugrundeliegenden Sprachwissens der Proband*innen (vgl. Müller et al. 2011: 17), werden die durchschnittliche Äußerungslänge (MLU), die längste Äußerung pro Aufnahme (LAA) sowie die Anzahl verschiedener Verben als Vergleichskriterien ermittelt. Überdies wird sowohl die Äußerungsanzahl pro Aufnahme als auch der relative Anteil gemischter Äußerungen vermerkt, da anhand dieser die Sprachpräferenz festgestellt wird (vgl. Müller & Kupisch 2003: 148ff.). Die Auswertung der Sprachaufnahmen zeigt, dass Alexanders 2L1-Erwerb ausgeglichen verläuft, da sich die Werte der MLU, der LAA sowie des Verbzuwachses in beiden L1 etwa gleichen. Im Gegensatz dazu wird anhand von Célines Werten einen höheren Entwicklungsgrad im Dt. sowie eine deutliche Präferenz für das Dt. erkennbar (vgl. Müller & Kupisch 2003: 150f.).

Bezüglich der Subjekt-Objekt-Asymmetrie zeigt die Studie auf, dass Alexander und Céline wie monolinguale Kinder Subjektklitika vor Objektklitika erwerben, wobei starke Pronomina, d. h. jene, die sowohl als Subjekt als auch als Objekt realisiert werden, Ausnahmen dazu darstellen (Müller & Kupisch 2003: 156ff.). Hinsichtlich der DET-Verwendung wird bei Alexander eine zielsprachliche Verwendung, d. h. eine relative Anzahl von 4,3%, etwa ein Jahr vor Céline festgestellt. Überdies verwendet Alexander etwa ein Jahr vor Céline neben Artikeln noch weitere DET (vgl. Müller & Kupisch 2003: 164). Hinsichtlich der Genusmarkierung bildet Alexander seit Beginn der Aufnahmen wie monolinguale Kinder kaum inkorrekte Formen, wohingegen Céline erst mit 3;8 eine ähnlich hohe Akkuratheit vorweist (vgl. Müller & Kupisch 2003: 166). Demnach zeigt die Studie auf, dass unausgeglichene, ausgeglichenen sowie monolinguale Kinder die gleichen Erwerbsphasen durchlaufen, wobei unausgeglichene Kinder die schwächere L1 im Vergleich zu ausgeglichenen bzw. monolingualen Kindern verzögert erwerben (vgl. Müller & Kupisch 2003: 166f.).

3. Diskussion

3.1 Theoretische Kritikpunkte

Die Studie basiert u. a. auf der These, „dass bilingual aufwachsende Kinder durchaus imstande sind, die grammatischen Systeme [der 2L1] von Beginn an […] voneinander zu trennen" (Müller & Kupisch 2003: 145). Um diese These zu untermauern, wird auf Genesee (1989) sowie Meisel (1989) verwiesen. Sowohl Genesee (1989: 169ff.) als auch Meisel (1989: 17) räumen jedoch ein, dass der Input hierbei eine entscheidende Rolle spielt. Als Input bezeichnet man „die sprachliche Produktion, die ein Kind in seiner Umgebung hört" (Müller et al. 2011: 247).

Laut Meisel (1989: 14) kommen Sprachmischungen häufiger vor, je mehr die 2L1 im Input des Kindes gemischt werden. Dass die Sprachsysteme im Kind nicht vereint sind, wird demnach durch Sprachmischungen erkennbar, da diese „the fusion of two grammatical systems" (Meisel 1989: 36) aufzeigen. Insofern bis 2;6 über 90% von Célines Äußerungen aus Sprachmischungen bestehen (vgl. Müller & Kupisch 2003: 155), ist davon auszugehen, dass das Dt. und das Fr. in Céline bis etwa 2;6 in einem Sprachsystem zusammengefasst werden. Genesee (1989: 170f.) argumentiert dafür, dass Sprachmischungen am ehesten durch die Unterscheidung der 2L1 im Input verhindert werden. Ist dies nicht der Fall, können die Kinder die Sprachsysteme nicht voneinander trennen und äußern demnach mehr Sprachmischungen, „since there is no reason for them to know that the languages should be separated" (Genesee 1989: 169). Überdies zeigen MacLeod et al. (2012) auf, dass Kinder während ihres 2L1-Erwerbs bspw. durch die Kommunikation mit ihren Geschwistern mit einem unausgeglichenen Input konfrontiert werden, obwohl die Eltern die 1P-1Sp-Methode anwenden und dies zu einer langsameren Entwicklung der schwächeren L1 führt (vgl. MacLeod 2012: 131, 136). Demnach ist anzunehmen, dass Céline ebenfalls einen unausgeglichenen Input erfährt. Erstens wird Célines Familiensprache nicht angegeben. Als Familiensprache bezeichnet man „die Sprache, die gesprochen wird, wenn alle Familienmitglieder anwesend sind" (Müller et al. 2011: 247). Dass diese ungeklärt bleibt, lässt vermuten, dass es keine feste Familiensprache gibt, d. h., dass eine Mischung aus Fr. und Dt. gesprochen wird. Zweitens wird angegeben, dass Céline mit ihrem Bruder sowohl auf Fr. als auch auf Dt. spricht. Die unklare Trennung in deren Kommunikation untermauert die Annahme, dass dies ebenfalls in der Familiensprache der Fall sein könnte sowie dass dies der Grund für Célines unausgeglichenen Erwerb sein könnte, wie bereits von MacLeod et al. (2012) bei anderen bilingualen Kindern festgestellt wird. Dies gibt Grund zur Annahme, dass Céline durch den unausgeglichenen Input die 2L1 schwieriger voneinander trennen kann. Für diese Annahme spricht überdies, dass die 2L1 in Alexanders Umfeld deutlicher getrennt werden, da er sowohl mit seinen Eltern als auch mit seinem Bruder jeweils lediglich auf einer L1 kommuniziert. Im Gegensatz zu Céline sind bei Alexander keine Schwierigkeiten bei der Trennung der Sprachsysteme festzustellen. Demnach gilt es die obige These einzuschränken, insofern Kinder die Sprachsysteme der 2L1 nur voneinander trennen können, wenn die 2L1 im Input der Kinder ebenfalls getrennt werden.

Hinsichtlich des Vergleichs zwischen einem ausgeglichenen und unausgeglichenen Erwerb ist die folgende Differenzierung qualitativer und quantitativer Unterschiede bedeutend.

„Unter quantitativen Unterschieden versteht man in diesem Zusammenhang das nachhaltigere oder zeitlich gesehen längere Auslassen von Elementen, die in bestimmten Kontexten syntaktisch erforderlich sind, in der Zielsprache aber gewissen Regeln folgend auch auslassbar sind. Unter qualitativen Unterschieden versteht man von der Zielsprache prinzipiell abweichende Wortstellungsmuster, Kongruenzfehler oder Erwerbsreihenfolgen, die im monolingualen Erstspracherwerb nicht vorkommen." (Müller et al. 2011: 69)

Müller & Kupisch (2003: 155) geben zwar an, dass Célines 2L1-Erwerb unausgeglichen ist. Dennoch wird auf die Bezeichnung des Dt. als dominantere, stärkere bzw. weiterentwickelte L1 verzichtet und stattdessen Célines Präferenz für das Dt. betont (vgl. Müller & Kupisch 2003: 153, 167). Obwohl die Entwicklungskriterien explizit von den Präferenzkriterien getrennt werden (vgl. Müller & Kupisch 2003: 150), scheint es, als würde versucht, Célines unausgeglichen Erwerb mit ihrer Bevorzugung für das Dt. zu begründen. Die ersichtlichen Daten sprechen jedoch dafür, dass ihr unausgeglichener 2L1-Erwerb in erster Linie aus der fehlenden Trennung im Input sowie dem höheren dt. Anteil in ihrem Input durch das deutschsprachige Kindermädchen resultiert. Dass Célines Umfeld ihren Erwerb wesentlich beeinflusst, zeigt sich daran, dass ihre Kompetenz im Fr. ab 3;6, nachdem sie mehrere Wochen lediglich fr. Input erhält, deutlich ansteigt. Obwohl die Äußerungen der Kinder bis 5;0 erfasst werden, lassen sich kaum Daten nach 3;6 finden, was die Annahme bekräftigt, dass Müller & Kupisch (2003) Célines Präferenz statt ihres Inputs als Begründung annehmen. Müller & Kupisch (2003: 167) betonen zwar,

8

dass die Relevanz des Inputs kein wesentlicher Gegenstand der Studie darstellt, aber wie bereits oben anhand von Meisel (1989) sowie Genesee (1989) aufgezeigt wird, sollte der Input bei jeglicher Untersuchung des 2L1-Erwerbs als schwerwiegender Faktor betrachtet werden.

Überdies veranschaulichen Müller & Kupisch (2003: 164ff.), dass unausgeglichene und ausgeglichene Kinder die gleichen Erwerbsphasen passieren, wobei der Erwerb unausgeglichener Kinder langsamer verläuft. Meisel (1989) befasst sich ebenfalls mit dem 2L1-Erwerb eines ausgeglichen und eines unausgeglichenen Kindes, deren Äußerungen von 1;0,0 bis 4;0,0 ermittelt werden und deren Eltern ebenfalls die 1P-1Sp-Methode anwenden (vgl. Meisel 1989: 21f.). Die Ergebnisse zeigen jedoch, dass das ausgeglichene Kind P einen deutlich langsameren Erwerbsverlauf als das unausgeglichene Kind C aufweist (ibid.), was den Ergebnissen von Müller & Kupisch (2003) widerspricht.

Im Weiteren kann die Annahme von Müller & Kupisch (2003: 146), dass lediglich ein quantitativer, aber kein qualitativer Unterschied zwischen dem ausgeglichen und unausgeglichenen Erwerb zu erkennen sei, ebenfalls anhand von Meisel (1989) falsifiziert werden. Die Diskrepanzen zwischen Kind P und C sind insofern erkennbar, als dass C dt. Nebensätze mit ungrammatischer Wortstellung (SVO) formt, während P grammatische Nebensätze (SOV) äußert (vgl. Meisel 1989: 28). Laut der obigen Definition ist dieser Unterschied ein qualitativer Unterschied und widerlegt somit die obige Annahme.

Überdies findet sich ein theoretischer Kritikpunkt hinsichtlich des DET-Erwerbs, der in folgende drei Phasen unterteilt wird. In der ersten, sog. BN-Phase sind lediglich NPs ohne DET vorzufinden. Die darauffolgende Phase umfasst inkonsistente DET-Verwendung. Daran schließt sich die zielsprachliche Phase an, in der die DET-Verwendung der Erwachsenensprache entspricht, d. h. BN zielsprachlich verwendet werden, was im Fr. einem Anteil von 4,3% entspricht (vgl. Müller & Kupisch 2003: 162f.). Laut Müller & Kupisch (2003: 163f.) wird die zielsprachige Phase von Céline mit 3;4,9 und von Alexander mit 2;4,20 erreicht. In den Abb. 17 und 18 (ibid.) ist jedoch ablesbar, dass nach diesen Zeitpunkten der zielsprachliche Anteil von BN weiterhin teilweise deutlich überschritten wird. Alexander äußert bspw. mit etwa 2;10 und Céline mit etwa 4;0 noch 10% der NPs als BN (ibid.).

Eine weitere inhaltliche Diskrepanz wird durch den Zusatz hervorgerufen, dass Alexander bis 2;2,7 ausschließlich Artikel als DET und erst ab 2;3,24 weitere

DET bzw. Céline bis 3;3,26 ausschließlich Artikel und erst ab 3;4,9 weitere DET verwenden (vgl. Müller & Kupisch 2003: 164). Insofern DET jedoch Artikel, Demonstrativa sowie Possessiva umfassen (vgl. Hawkins & Towell 2015: XV), können DET entweder als Artikel oder als andere Form von DET, d. h. als Demonstrativa oder Possessiva, realisiert werden. Demnach müssten die Zeitpunkte, bis wann ausschließlich Artikel und ab wann weitere DET verwendet werden, auf den gleichen Moment zusammenfallen, was allerdings nicht der Fall ist, wie oben aufgezeigt wird. Dass zwischen diesen Zeitpunkten die DET-Verwendungen nicht ermittelt werden, ist anhand der Abb. 17 (vgl. Müller & Kupisch 2003: 163) auszuschließen, insofern bspw. Alexanders Verwendung mit 2;2,27 aufgenommen wird. Welche DET er zu diesem Zeitpunkt verwendet, bleibt unbeantwortet. Es ist jedoch naheliegend, dass der Zeitpunkt, bis zu welchem Alexander ausschließlich Artikel verwendet, inkorrekt ist. Diese Vermutung wird durch die Zeitangabe in der Abb. 17 (ibid.) bekräftigt, da laut dieser eine Aufnahme stattfindet, als Alexander 2;2,6 alt ist. Wäre die Zeitangabe von 2;2,7 korrekt, hieße das, dass seine Äußerungen an zwei aufeinanderfolgenden Tagen aufgenommen werden. Dies würde jedoch der Angabe von Müller & Kupisch (2003: 148), dass die Aufnahmen nur zweiwöchentlich getätigt werden, widersprechen.

3.2 Terminologische Kritikpunkte

Im Rahmen der Studie sind einige terminologische Schwierigkeiten erkennbar. Erstens wird der Begriff *Sprache* sehr vielfältig verwendet. Sowohl die Einzelsprachen Dt. und Fr. als auch die grammatischen Systeme in den Kindern sowie die Ausdrucksweisen von bspw. den Erwachsenen werden allesamt als *Sprache* bezeichnet (vgl. Müller & Kupisch 2003: 145ff.). Eine feinere Aufgliederung wäre zum besseren Verständnis sowie zur Vermeidung von Missverständnissen von Vorteil.

Zweitens lässt sich eine Uneinheitlichkeit hinsichtlich der Verwendung der Begriffe *Nominalphrase* (NP) und *Determinantenphrase* (DP) finden. Einerseits wird erläutert, dass die Bezeichnung *NP* theorieneutral verwendet wird, d. h. unabhängig davon, ob man annimmt, dass ein nominaler Ausdruck eine DP darstellt (vgl. Müller & Kupisch 2003: 146n2). Andererseits wird bezüglich des DET-Erwerbs die Abkürzung DP statt NP verwendet (vgl. Müller & Kupisch 2003: 163f.). Eine einheitliche Terminologie wäre nicht nur hier, sondern ebenfalls bezüglich der DET-Verwendung nützlich, insofern bei dieser in den Erläuterungen der deutsche

Begriff *Typen,* wohingegen in der Abb. 19 das englische Pendant *Types* verwendet wird (vgl. Müller & Kupisch 2003: 165f.).

Drittens ist auffallend, dass *Sprachmischungen* und *Code-switching* unzureichend differenziert werden. Müller & Kupisch (2003: 153) verwenden den Begriff *Sprachmischung* für gemischte bzw. einsprachige, nicht-zielsprachige Äußerungen. Laut Müller & Kupisch (2003: 150) bilden hierbei regelmäßige Sprachwechsel von bspw. Bilingualen mit vollständig ausgebildeten Systemen die einzige Ausnahme. Diese werden nicht als *Sprachmischungen,* sondern als *Code-switching* bezeichnet werden. Dass Code-switching bereits bei zweijährigen Bilingualen auftritt (vgl. Lanza 1992: 655), d. h. bevor die Sprachsysteme vollständig ausgebildet sind, wird dabei nicht berücksichtigt. Die von Müller & Kupisch (2003: 150) angegebene Differenzierung ist insofern unzureichend, als dass Sprachmischungen und Code-switching nicht nur anhand der Regelhaftigkeit der Verwendung unterschieden werden. Während Sprachmischungen durch eine fehlende Kompetenz in der entsprechenden L1 bzw. eine Dominanz der anderen L1 bedingt werden, entscheidet sich ein*e Sprecher*in beim Code-switching bewusst für die andere L1 (vgl. Meisel 1989: 13, 36). Ein Beispiel für Code-switching findet sich bereits in der Studie, insofern die Proband*innen im fr. Aufnahmeteil bspw. das dt. Wort *Salzstangen* verwenden (Müller & Kupisch 2003: 155). Diese Form des Sprachwechsel ist nicht durch fehlende Kompetenz im Fr. oder durch die Dominanz des Dt. bedingt, sondern dadurch, dass das Kind einen Sprachwechsel durchführt „to express a word or an expression that is not immediately accessible in the other language" (Grosjean 1982: 206, zitiert nach Meisel 1989: 36).

Eine weitere Schwierigkeit findet sich hinsichtlich des Interaktionsteams, das Müller & Kupisch (2003: 148) als *monolingual* bezeichnen. Jedoch gibt es Grund zur Annahme, dass diese Angabe inkorrekt ist. Zum einen wird angegeben, dass sich die Erwachsenen, d. h. sowohl die Eltern der Proband*innen als auch das Interaktionsteam, auf Fr. unterhalten (ibid.), sodass die dt. Interaktionsperson nicht monolingual sein kann. Zum anderen wird in einem anderen Kontext, in dem Célines Erwerb ebenfalls thematisiert wird, angegeben, dass „es sich bei der Interaktionspartnerin um eine Französin [handelte], die das Dt. [...] sehr gut beherrschte, mit dem Kind jedoch konsequent Fr. sprach" (Müller et al. 2011: 84).

11

3.3 Methodische Kritikpunkte

Hinsichtlich der Vorgehensweise von Müller & Kupisch (2003) sind einige Kritikpunkte zu nennen. Erstens sind die verwendeten Vergleichskriterien unzureichend, insofern bspw. laut Müller et al. (2011: 88) weitere Kriterien wie die präferierte Sprache mit den Geschwistern sowie die multimorphemischen Äußerungen für einen Vergleich der Sprachkompetenz einzubeziehen sind. Die von den Proband*innen präferierte Sprache mit den Geschwistern wird zwar angegeben, aber von Müller & Kupisch (2003) nicht als Kriterium ausgewertet. Welchen Unterschied diese jedoch ausmachen kann, wird bereits in §3.1 ausgeführt. Ebenso sind die multimorphemischen Äußerungen als Kriterium auszuwerten, da Kinder in der stärkeren L1 Äußerungen, die aus mehr als einem Morphem bestehen, früher produzieren (vgl. Müller et al. 2011: 86).

Zweitens lässt sich eine nur insuffiziente Beschreibung der Aufnahmesituationen finden. Müller & Kupisch (2003: 148) führen lediglich an, dass die Aufnahmen bei den Kindern zuhause stattfinden und einen dt. sowie einen fr. Teil umfassen. Laut Meisel (1994: 415) kann jedoch bereits die bloße Anwesenheit einer Person im gleichen Raum die Ausdrucksweise eines Kindes beeinflussen, weswegen ausschlaggebend ist, ob die Eltern während den Aufnahmen anwesend sind.

Drittens wird Célines und Alexanders Entwicklung der Sprachmischungen nicht ausreichend dargestellt, insofern die Anzahl von Sprachmischungen im Erwerbsverlauf nicht zwangsläufig kontinuierlich abnimmt und demnach ein längerer Zeitraum betrachtet werden sollte. Die von Vihman (1985: 316) untersuchten Äußerungen des bilingualen Kindes R enthalten mit 2;8 lediglich 1%, mit 3;7 jedoch 11% sowie 4;3 einen Höchstwert von 18% und dennoch mit 6;7 erneut nur 6% Sprachmischungen. Ob Alexander und Céline ebenfalls ein solches „U-shaped developmental pattern" (Meisel 1994: 417) aufweisen, kann nicht erfasst werden, da Alexanders Entwicklung der Sprachmischungen lediglich bis 2;11,20 bzw. Célines Entwicklung nur bis 3;6 dargelegt werden (vgl. Müller & Kupisch 2003: 154ff.).

Ein weiterer methodischer Kritikpunkt findet sich hinsichtlich der Ermittlung des Lexikonzuwachses. Dieser wird in der Studie anhand der Anzahl produzierter Verbtypen abgeleitet (vgl. Müller & Kupisch 2003: 151). Jedoch bildet die Kompetenz qua definitionem die Grundlange für den Sprachgebrauch, sodass zu erwarten ist, dass die Proband*innen stets mehr Wörter verstehen, als sie produzieren und demnach das Lexikon größer ist, als anhand der Verbtypen abgeleitet wird.

Überdies stellen Verben kein geeignetes Mittel zur Ermittlung des Lexikonumfangs dar. Wie Müller & Kupisch (2003: 152) einräumen, führen Partikelverben wie *hinfliegen* zu einer Schwierigkeit, da sie bei der Ermittlung der MLU als zwei Wörter (*fliegt hin*) gewertet werden, obwohl sie lediglich ein einzelnes Verb darstellen und dementsprechend im Lexikon eine Einheit bilden. Überdies werten Müller & Kupisch (2003: 149) die MLU der Proband*innen aus mit der Begründung, dass Genesee, Nicoladis & Paradis (1995) ebenfalls dieses Kriterium zur Ermittlung des Entwicklungsstandes einer L1 verwenden. Im Gegensatz zu Genesee, Nicoladis & Paradis (1995: 619f.), die die MLU anhand der produzierten Morpheme bemessen, bestimmen Müller & Kupisch (2003: 151) die MLU wortbasiert. Dabei wird jedes grammatische Wort, d. h. jede „sprachliche Form, welche eine Einheit aus Laut und Bedeutung darstellt und zwischen deren Teile (fast) nichts eingeschoben werden kann" (Müller & Kupisch (2003: 151n3) gezählt. Diese sehr vage Definition wird mit dem Zusatz erweitert, dass klitische Pronomina sowie ein Wort mit verschiedenen grammatischen Endungen einzeln gezählt werden. Bei der Untersuchung der Genusmarkierung an DET wird die Akkuratheit jedoch anhand von Token und Typen berechnet (vgl. Müller & Kupisch 2003: 165). Um die Problematiken der vagen Definition sowie der Partikelverben zu reduzieren, wäre es nachvollziehbarer, die Ermittlung der MLU entweder morphembasiert wie Genesee, Nicoladis & Paradis (1995) oder ebenfalls auf der Basis von Token und Typen vorzunehmen.

Insofern die Untersuchung der Genusmarkierung an DET auf der Basis von Token und Typen vorgenommen wird, ist deren Unterscheidung bedeutend. Das konkrete Vorkommen sprachlicher Einheiten bezeichnet man als Token, wohingegen das Vorkommen verschiedener Einheiten als Typen bezeichnet wird (vgl. Glück & Rödel 2016: 730). Demnach setzt sich die Anzahl der Token aus der Anzahl der Typen und evtl. weiterer Vorkommnissen der gleichen Typen zusammen. Es ist möglich, dass die Anzahl der Typen geringer ausfällt als die Anzahl der Token bzw. dass beide Anzahlen gleich hoch sind. Dass die Anzahl der Typen höher ausfällt, ist jedoch unmöglich, da jedes weitere Auftreten eines neuen Typen per definitionem als weiteres Vorkommen eines Wortes gewertet werden würde.

Im obigen Fall versteht man unter Token somit die konkrete Anzahl von DET in den kindlichen Sprachdaten und unter Typen die Anzahl verschiedener DET. Die Abb. 19 (vgl. Müller & Kupisch 2003: 166) zeigt jedoch, dass die Anzahl der Typen sowohl bei Alexander als auch bei Céline mehrmals die Anzahl der To-ken überschreitet und demnach widersinnig ist. Da die Abb. 19 (ibid.) lediglich die korrekten Genusmarkierungen aufzeigt, ist davon auszugehen, dass diejenigen To-ken, die hier nicht abgebildet wird, eine inkorrekte Genusmarkierung aufweisen. Sobald Alexander oder Céline jedoch einen DET, d. h. einen Typen äußern, impli-ziert das, dass sie ebenfalls einen Token äußern, sodass die Token nicht weniger als die Typen sein können. Dies ist unabhängig davon, ob der DET korrekt markiert ist oder nicht, insofern bei inkorrekter Markierung das Vorkommen weder als Typen noch als Token gewertet wird.

Im Weiteren wird der Entwicklungsstand der Proband*innen anhand ihres Alters verglichen. Müller et al. (2011: 143) räumen selbst ein, dass der Vergleich von Kindern anhand des Alters als kritisch angesehen wird und ein MLU-basierter Vergleich nützlich wäre, da sich die Kompetenzen der Kinder unterschiedlich schnell entwickeln. Hinsichtlich der DET, deren zielsprachliche Verwendung Ale-xander mit 2;4,20 und Céline mit 3;4,9 erreichen, wird demnach erkennbar, dass die einjährige Differenz nur hinsichtlich ihres Alters festzustellen ist. Bezüglich der MLU-Werte ist kein solcher Unterschied erkennbar, da Céline die zielsprachliche Phase erreicht, sobald sie die MLU-Werten, die Alexander mit 2;4,20 aufweist, er-langt (vgl. Müller & Kupisch 2003: 150).

Um die Kindersprache mit der Erwachsenennorm vergleichen zu können, werden Daten von Monolingualen mit Fr. als L1 aufgenommen. Hierbei wird die Klitikaverwendung von Erwachsenen in Interaktion mit Kindern im Alter von mind. vier Jahren ermittelt (vgl. Müller & Kupisch 2003: 157). Die Datenerhebung wird lediglich damit begründet, dass Erwachsene bei „sehr kleinen Kindern" (ibid.) ihre Ausdrucksweise zu sehr anpassen würden. Diese Vorgehensweise insofern kri-tisch, als dass diese These erstens ohne einen Verweis auf eine Studie, die diese belegt, aufgestellt wird. Lediglich wird hinzugefügt, dass „man davon ausgehen muss" (ibid.), was nicht als wissenschaftliche Methode angesehen werden kann. Zweitens bleibt ungeklärt, weshalb nicht die Klitikaverwendung von Erwachsenen untereinander ausgewertet wird, insbesondere wenn angenommen wird, dass Er-wachsene in Interaktion mit Kindern ihre Ausdrucksweise anpassen. Demnach ist nicht nachzuvollziehen, weshalb diese Datenerhebung, die weder die Ausdruck-weise der Erwachsenen untereinander und somit die Erwachsenennorm noch den Input der Proband*innen repräsentiert, vorgenommen wird.

14

4. Zusammenfassung

Die vorliegende Arbeit befasst sich mit der Studie von Müller & Kupisch (2003), die den 2L1-Erwerb von Alexander und Céline, die seit ihrer Geburt Fr. und Dt. erwerben, zum Gegenstand hat. Es wird aufgezeigt, dass das Ziel der Studie, die quantitative Gleichheit der Erwerbsverläufe eines unausgeglichenen sowie eines ausgeglichenen Kindes aufzuzeigen, nur bedingt erreicht wird. Dies ist erstens darin begründet, dass die grundlegenden Annahmen der Studie durch ähnliche Studien anhand der Sprachmischungen und des Inputs der Kinder entkräftet werden können. Zweitens sind die Erwerbsverläufe von Alexander und Céline nicht stellvertretend für ausgeglichene bzw. unausgeglichene Erwerbsverläufe, insofern ähnliche Studien feststellen, dass der Erwerb ausgeglichener Kinder ebenfalls verzögert verlaufen kann. Drittens ist die Fokussierung auf Célines Sprachpräferenz als Grund für ihren unausgeglichenen 2L1-Erwerb insofern kritisch, als dass ihrem Input eine höhere Relevant zugeschrieben werden sollte. Im Weiteren wird darauf hingewiesen, dass entgegen der Hypothesen von Müller & Kupisch (2003) nicht nur quantitative, sondern ebenfalls qualitative Unterschiede im Vergleich von Alexander und Céline vorzufinden sind.

Als terminologische Kritikpunkte werden eine uneinheitliche Verwendung mehrerer Begriffe, widersprüchliche Angaben sowie unpräzise Differenzierungen angegeben. Hinsichtlich der Methodik wird erstens aufgezeigt, dass die Studie unzureichende Vergleichskriterien heranzieht sowie eine insuffiziente Beschreibung der Aufnahmesituationen aufweist. Zweitens sind die Daten zu den Sprachmischungen der Proband*innen auf einen zu kurzen Zeitraum beschränkt. Drittens sind die Vorgehensweise zur Ermittlung des Lexikonerwerbs, zur Ermittlung der MLU sowie zur Datenerhebung der Erwachsenensprache inadäquat. Ebenfalls findet sich eine widersprüchliche Anwendung von Token und Typen sowie ein ungeeigneter Vergleich der Entwicklungsstände von Céline und Alexander.

Daran ist erkennbar, dass es weiterer Studien bedarf, die eine höhere Anzahl von Vergleichskriterien miteinbezieht, die Situationen der Kinder genauer beleuchtet sowie eine höhere Anzahl von Proband*innen umfasst. Somit können der Umfang des Inputs sowie mögliche weitere Faktoren in den Situationen der Kinder als mögliche Gründe für den Erwerbsverlauf untersucht werden.

5. Literaturverzeichnis

Genesee, Fred. 1989. Early bilingual development: One language or two?. *Journal of child language* 16(1), 161-179.

Genesee, Fred; Elena Nicoladis & Johanne Paradis. 1995. Language differentiation in early bilingual development. *Journal of child language* 22(3), 611-631.

Glück, Helmut & Michael Rödel (Hrsg.). 2016. *Metzler Lexikon Sprache* [5. Aufl.]. Stuttgart: Metzler.

Hawkins, Rogar & Richard Towell. 2015. *French grammar and usage* [2. Aufl.]. London: Routledge.

Lanza, Elizabeth. 1992. Can bilingual two-year-olds code-switch? *Journal of child language* 19(3), 633-658.

MacLeod, Andrea A. N. et al. 2012. Simultaneous bilingual language acquisition: The role of parental input on receptive vocabulary development. *Child language teaching and therapy* 29(1), 131-142.

Meisel, Jürgen M. 1989. Early differentiation of languages in bilingual children. In: Kenneth Hyltenstam & Loraine K. Obler (Hrsg.). *Bilingualism across the lifespan: Aspects of acquisition, maturity, and loss*. Cambridge: University Press, 13-40.

Meisel, Jürgen M. 1994. Code-switching in young bilingual children: The acquisition of grammatical constraints. *Studies in second language acquisition*, 16(4), 413-439.

Müller, Natascha & Tanja Kupisch. 2003. Zum simultanen Erwerb des Deutschen und des Französischen bei (un)ausgeglichenen bilingualen Kindern. *Vox Romanica* 62, 145-169.

Müller, Natascha et al. 2011. *Einführung in die Mehrsprachigkeitsforschung* [3. Aufl.]. Tübingen: Narr.

Vihman, Marilyn M. 1985. Language differentiation by the bilingual infant. *Journal of child language* 12(1), 297-324.

6. Abkürzungsverzeichnis

BN	Bare Noun, undetereminiertes Nomen
DET	Determinant
DP	Determinantenphrase
Dt./dt.	Deutsch/deutsch
Fr./fr.	Französisch/französisch
LAA	längste Äußerung pro Aufnahme
L1	Erstsprache
MLU	Mean Length of Utterance, durchschnittliche Äußerungslänge
NP	Nominalphrase
x;y,z	Jahr;Monat,Tag (für Altersangaben)
1P-1Sp	eine-Person-eine-Sprache